韓国と周辺の国ぐに

ロシア連邦

モンゴル

ウランバートル

朝鮮民主主義
人民共和国

オホーツク海

ペキン
（北京）

中華人民共和国

ピョンヤン（平壌）

ソウル

日本海

東京

大韓民国

日本

東シナ海

ミャンマー

台湾

ハノイ

ラオス

ビエンチャン

マニラ

フィリピン海

北マリアナ
諸島
［アメリカ］

タイ　ベトナム

韓国の世界遺産

韓国では、2019年現在、次の12件が世界遺産として登録されている。

- チェジュ火山島と溶岩洞窟群
- 石窟庵と仏国寺
- 華城
- 昌徳宮
- 宗廟
- 八萬大蔵経の納められた
  伽耶山海印寺
- 韓国の歴史的集落群
  （河回と良洞）
- 慶州歴史地域
- 高敞、和順、江華の支石墓群跡
- 朝鮮王朝の王墓群
- 南漢山城
- 百済歴史地域

▲慶州にある仏教寺院の仏国寺。創建は新羅時代の8世紀ごろ。写真は紫霞門で、一段上がるごとに仏の国へ近づくという階段がある。

▲朝鮮王朝3代国王の太宗が1405年に建てた昌徳宮。写真は、国の重要な行事などがおこなわれた仁政殿の中にある玉座。

気候

温暖湿潤気候。日本と同様に四季がはっきりしている。大陸に接しているため寒暖の差がはげしい。

気温 ℃　── ソウル　---- プサン　…… 東京
降水量 mm　▨ ソウル　▨ プサン　▨ 東京

▲ソウル、プサンと東京の月別平均気温と降水量。
（『理科年表 2020』丸善出版）

▼朝鮮王朝末期につくられた水原にある華城。石材とれんがが使われた全長5.7kmの城郭が特徴。写真は華虹門とよばれる華城唯一の水門。

現地取材！ 世界のくらし ②

韓 国

文・写真：関根 淳　監修：李 香鎮

ソウル市庁前のまちなみと
ソウル広場。

現地取材！ 世界のくらし❷ ✈

韓 国

もくじ

徳寿宮の大漢門で記念撮影する小学生たち。

カブスカウトに参加する子どもとお母さん。

休日のソウルの森公園で遊ぶ小学生。

朝鮮時代の正宮である景福宮を、韓服を着て観覧する小学生。

◀こちらのサイトにアクセスすると、本書に掲載していない写真や、関連動画を見ることができます。

キムジャン祭りでキムチづくりを体験する子ども。

温暖な気候のチェジュ島でみかん狩りを楽しむ子ども。

韓国の文化や伝統を紹介する民俗村でワラの編み方を学ぶ小学生。

ソウル市庁前の広場で披露された伝統芸能の農楽プンムル。

大陸からつきでた半島の国

北岳山はソウルをとり囲んでいる山のひとつ。おもに花崗岩でできた山で、山はだの紅葉の合間に岩が見える。

日本からいちばん近い外国

韓国は、ユーラシア大陸の東からつきでた朝鮮半島の、南部に位置する東アジアの国です。日本からいちばん近い外国で、飛行機を使えば短時間で行き来することができます。

面積は約10万km²で日本の約4分の1の国土をもち、国土の約60％は山岳地帯です。東部には海岸線にそってテベク山脈があり、そこから分かれた山脈が南部や西部へとのびています。南部の海岸線は、ふくざつに入り組んだリアス海岸になっており、多くの島が点在しています。

東シナ海にあるチェジュ島は、韓国南部の火山の島です。国内最高峰のハルラ山や火山活動でできた見事な景観、多様な動植物が生息することから、世界遺産に登録されています。

▲大浦柱状節理帯。溶岩が海に流れこんで冷やされ、柱状に形づくられた海岸線。

▲韓国の国花ムグンファ（ムクゲ）。

▶チェジュ島、滝の水が海に直接落ちる正房瀑布。

韓国の四季

▼朝晩に冷えこむ日はあるが、心地よい陽気が続く。写真はソウル成均館大学校にある、朝鮮王朝時代につくられた校舎明倫堂と桜。

▼梅雨後の暑い時期は気温が30℃をこえる日も多く、蒸し暑い日が続く。写真はチェジュ島南部の海岸。

春 夏 秋 冬

▲比較的すごしやすいが、日中と朝晩との寒暖差がはげしい。写真は木ぎが紅葉したソウルの森公園。

▲最高気温が0℃をこえない日が多く、空気も乾燥する。写真はソウル市庁前のスケート場。

1 彩り豊かな四季の国

韓国の国土の大部分は温暖湿潤気候で、日本と同じように四季がはっきりしています。韓国北西部に位置する首都ソウルは、夏の平均気温が25℃をこえ、強い日差しと蒸し暑い日が続きます。そして冬は、シベリアから冷たく乾燥した空気が流れこむため、マイナス10℃まで気温が下がる日もあります。このような寒暖差は、韓国の北部へいくほど大きくなります。

いっぽう、韓国南東部にある第2の都市プサンは、夏には日中の最高気温が30℃以上になる日も多く、半島の南部へいくほど1年を通して温暖になるという特徴があります。

▼火山溶岩の沈下運動でできた洞窟マンジャングルは、チェジュ島にある世界遺産。

◀足が短く小柄なチョランマルは、チェジュ島固有のウマ。

国のあらまし

伝統と近代化をあわせた国

朝鮮王朝の文化を引きつぐ

　韓国は正式な国名を大韓民国といい、面積約10万㎢の国土に約5100万人の人びとがくらしています。日本と比べてみると、日本の約4分の1の面積に日本の半分近い人びとが住んでいるので、それだけ人口密度が高い国といえます。

　朝鮮半島は、古代文明発祥の地のひとつ、中国のとなりにあるため、稲作や鉄器、漢字、仏教などがいちはやく伝えられると同時に、中国の侵略を受けることも多い地域でした。はじめて国家が生まれたのは3世紀末ごろですが、その後いくつもの国の興亡があり、1392年に朝鮮王朝がおこります。現代の韓国のくらしや考え方の多くは、この時代の文化を引きついでいます。

▲朝鮮王朝をおこした李成桂（太祖）が、1395年に建設した景福宮の中心、勤政殿。

▶ソウル市庁近くに残る王宮、徳寿宮の大漢門でおこなわれる王宮守門将交代儀式の再現。

ここに注目！

軍事境界線で分けられた国

　地図で朝鮮半島を見ると、大韓民国（韓国）と朝鮮民主主義人民共和国（北朝鮮）の2つの国名が記されています。もともとはひとつだった国が2つに分断された原因は、1910年から45年までの日本の植民地支配から始まります。1948年の独立の際には、こんどはアメリカ側の韓国と、ソ連*側の北朝鮮という2つの国にむりやり分けられたのです。さらに1950年には両国が戦う朝鮮戦争が始まりました。1953年に休戦協定が結ばれましたが、北と南で分かれてしまった家族も多く、一刻も早い和平が望まれます。

▲韓国と北朝鮮の軍事境界線がある板門店。

漢江の奇跡とIT大国

朝鮮半島は、1910年から日本による植民地支配を受けました。韓国は1945年に解放され、その後独立をはたしますが、1950年から3年間続いた朝鮮戦争で壊滅的な打撃を受けました。

しかし1960年代後半から復興に乗りだした韓国政府は、さまざまな政策を進め、韓国はわずか40年で国内総生産（GDP）世界10位以内に入る経済大国へと発展したのです。この歴史的な高度経済成長を「漢江の奇跡」とよびます。

現在の韓国は、電子機器や自動車などの製造業の分野で、世界的に有名な企業がいくつもあるIT（インフォメーション・テクノロジー）大国です。また、韓流とよばれる韓国のドラマや映画、音楽など、文化面でも世界的なスターが生まれています。めざましく発展する今の韓国に、世界が注目しています。

◀ヨイドにある国会議事堂。韓国は国民の直接選挙による大統領制。

▲サムスン電子の半導体工場。スマートフォンやテレビなど、電子機器や家電の製造は韓国の主要産業のひとつ。

▲韓国GM社の富平にある自動車工場。韓国の自動車は、性能のよさと価格の安さが人気で、世界じゅうに輸出されている。

朝鮮民主主義人民共和国

板門店

ソウル特別市

大韓民国

▲軍事境界線（黒線）と非武装地帯DMZ（うす赤）。板門店は、ソウルから北へわずか60kmほどのところにある。

＊ソビエト社会主義共和国連邦。現在のロシアを中心とする15の共和国による社会主義の大国で、アメリカと対立した。1991年に崩壊。

▲ソウルの中心を南北に分ける大河、漢江は、韓国の経済成長のシンボル。

一軒家に住む家族

昔ながらのれんがづくりの一軒家

　ソウル市の南西に位置する新林駅から歩いて5分ほどの一軒家に住む、イム・テヨンさんの家を訪ねました。この家には、小学5年生のテヨンさんとお母さんのオ・ジョンさん、おばあさんの3人で住んでいます。テヨンさんのおじいさんが30年前に建てたこの3階建てのれんがづくりの家は、3人で住むには広すぎるので、2階の一部と1階をほかの人に貸しています。テヨンさん家族で住む2階の一部と3階には、寝室と台所、洗面所が2つずつ、居間と客間、お母さんの仕事部屋兼テヨンさんの勉強部屋があります。

◀駅周辺のにぎやかな通りから一歩裏手に入ると、1970〜80年代に建てられたれんがづくりの一軒家がたちならぶ住宅街がある。

▲居間。玄関を入ってすぐの部屋にソファとテーブルがある。

▲居間のとなりにある客間。螺鈿細工のりっぱなたんすがある。

木目調で統一された台所。ソウルは都市ガスが普及している。

▲内側を金あみで補強してある玄関のとびら。上下に開閉するあみ戸つき。

▲テヨンさんの寝室。以前はお母さんとベッドをならべていたが、今はひとりでねている。

▲お客さんをおもてなしするテヨンさんのおばあさん。

◀すべてがうまくいくことを祈る万事大吉霊符というお札。

▼壁にはられた家族の記念写真。

ここに注目！

人口密度が高いソウル

　ソウル首都圏は年ねん人口がふえており、世界でも有数の人口密度が高い都市です。そのためここ20年～30年、政府はテヨンさんが住むような一軒家ではなく、わずかな土地でたくさんの人が住めるアパートでのまちづくりを進めてきました。ソウルのまちを歩くと、巨大な団地や高層アパートをよく見かけるのには、そうした理由があるのです。

▶ソウルには、見上げるような高層アパートがいくつもたちならぶ。

お母さんのとなりで勉強

親子でいっしょにがんばる

テヨンさんのお母さんのオ・ジョンさんは、おもにロシアとの貿易をおこなう会社を経営していて、一家の家計をささえています。そんなお母さんを見ているテヨンさんは、自然と自分のことは自分でやるという気持ちになり、お手伝いも進んでやります。

韓国では小学生のころからほぼ毎日、夜の8時～9時ごろまで進学塾に通うのが一般的です（→27ページ）。しかしお母さんのオ・ジョンさんは、テヨンさんを塾には通わせていません。中学・高校生になったら、いやでも塾通いや受験の準備が始まるので、小学生のときくらいはいっぱい遊んでほしいと思っているからです。

お母さんが仕事をするすがたを見ながら、テヨンさんも学校の宿題や復習をする。

▶折り紙でつくったロボットの数かず。どれも力作ばかり。

◀本棚にはお母さんとテヨンさんの本がぎっしり。

テヨンさんの1日

テヨンさんは朝7時20分に起きます。朝食をとって家を出るのが8時10分。学校までは歩いて10分の距離です。学校の授業は14時40分までですが、帰宅せずにそのまま放課後授業に参加します。帰宅して夕食をとったあと、友達の家や近所の川ぞいに遊びに行きます。夜9時ごろにもどってきて、ねるのは10時くらいです。

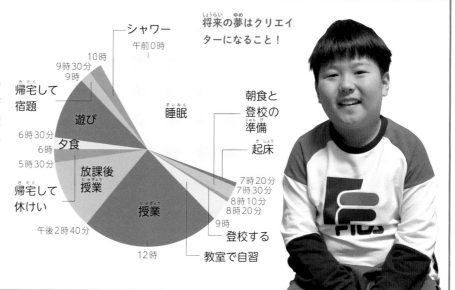

将来の夢はクリエイターになること！

（円グラフ）
シャワー　午前0時
10時
9時30分
9時
帰宅して宿題
遊び
6時30分
夕食
6時
5時30分
放課後授業
帰宅して休けい
午後2時40分
授業
12時
睡眠
朝食と登校の準備
起床
7時20分
7時30分
8時10分
8時20分
9時
登校する
教室で自習

放課後授業で大いそがし

テヨンさんが今学期通っている放課後授業
（→26ページ）は、月曜日がバスケットボール、
火曜日が卓球、水曜日がコンピューターのプログ
ラミング、木曜日がサッカー、金曜日が野球
というスケジュールです。去年は囲碁や工作も
習っていました。今もっとも興味があるのは動
画サイトのYouTubeとオンラインゲームで、将
来はゲームを開発するクリエイターなど、何か
ものづくりにかかわる職業につきたいと考えて
います。

小学生に人気の職業	
男子	YouTuber・サッカー選手・野球選手
女子	学校の先生・YouTuber・アイドル

▲夕方に友達が遊びにきたので、まずは家で遊ぶことに。

▲居間のテーブルの天板を外すと、ホッケーのゲームがあらわれた。

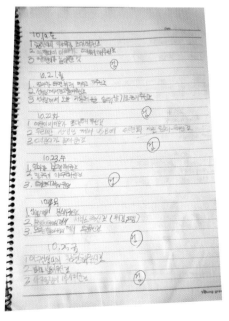

◀毎日、日記がわりに、感謝することを3つ書いて先生に提出する。赤い印は、先生のチェックを受けたということ。

▲家で遊んだあとは川ぞいで遊ぶ。保護者たちは遊歩道上のカフェで待つこともある。

アパートに住む家族

ひとつづきになった広い居間と台所。写真奥の２つの入り口は、右側が子ども部屋で、左側が両親の寝室。

賃貸アパートに４人で住む

　ジンウさんの家は、ソウル郊外の京畿道にある４階建て賃貸アパートの３階にあります。保険の外交員をサポートするコールセンターに勤務するお父さんのトゥ・ピョンジュンさんと、パーティー用品の販売会社で働くお母さんのキム・ウンスクさん、そして９歳のジンウさんと７歳のヨンウさん兄弟の４人家族です。

　アパートの部屋は、玄関を入ってすぐに居間と台所、居間のとなりに２人の子ども部屋と両親の寝室があります。また、現代の韓国の人は家で湯船につかる習慣がないため、独立したおふろ場がありません。洗面台とトイレ、シャワーが、セットで一部屋になっていることがほとんどです。

＊韓国は、結婚しても自分の姓がかわらない夫婦別姓。姓をかえることは、先祖に対して失礼だという考えがあるため。子どもは、父方の姓を名のることが一般的。

▼ジンウさん宅の間取り図。

▶ジンウさんが住んでいるのは、４階建てアパートの３階部分。

❶ベランダ
❷キムチ冷蔵庫
❸洗濯機
❹子ども部屋
❺両親の寝室
❻トイレ・シャワー・洗面台
❼玄関
❽居間
❾台所

子ども部屋で宿題をするジンウさん。将来の夢は科学者だ。

▲兄弟でテコンドー（韓国の国技とされる格闘技）教室に通っている。

▲洗面台とトイレ、シャワーが同じ部屋にある。

▲窓でおおわれたベランダには、洗濯機やキムチ用の冷蔵庫がある。

ここに注目！

オンドル文化

韓国は、冬の寒さがきびしいため、かまどから出るけむりを床下に通して部屋をあたためる「オンドル」という床暖房のシステムが発達しました。かまどを使わない現代の住居では、床下にパイプを通し、そこにボイラーで熱したお湯を循環させるオンドルが一般的です。

◀❶かまどから出たけむりを部屋の床下のトンネルに通す。

▼❷けむりで部屋をあたため、反対側のえんとつから出す。

▲現代のオンドルは、パネル操作で温度調節や予約も可能。

▼家族4人、笑顔で記念撮影。

韓国の家庭料理

豊かな食文化

　韓国の主食は、日本と同じく米です。海も山もある自然豊かな韓国では、肉や魚介、野菜を使ったさまざまな料理があり、栄養バランスがとれた健康的な食文化として注目されています。

　ソウル郊外に住むジンウさんの家で、ふだんの料理と食事風景を見せてもらいました。韓国の食文化でいちばんおどろくのは、品数の多さです。みんなで分ける大皿やなべ料理のほかに、たくさんのおかずの小皿が食卓にならびます。これは「ミッパンチャン」とよばれ、キムチやナムル（あえ物）、煮物など、事前に調理して冷蔵庫に入れてある保存食です。

動画が見られる!

なん品も同時に手ぎわよく料理するお母さん。

◀冷蔵庫に保存してある、たくさんのミッパンチャンを取りだす。

▲韓国みそのテンジャン。韓国にはそのほかコチュジャン（トウガラシ入りみそ）、サムジャン（合わせみそ）などがある。

▶カンジャンとよばれる韓国しょうゆ。

▶アミや小エビの塩辛は、料理に塩味とうま味を加える調味料。

▼現代の家庭ではテーブルで食事することが多いが、お客さんがきたときなどは、昔ながらのちゃぶ台を出して床に座って食事することもある。

スプーンとはしの食事

　韓国の食事は、金属やステンレス製のスプーンとはしを使います。スプーンは日本のものよりも柄が長く、ご飯やスープを食べるときに用い、はしは皿にもられたおかずを取りわけ、食べるのに使います。韓国では、ご飯茶わんなどの食器を手に持って食べるのはマナー違反です。ほかにも、食事を残しても失礼ではないなど、日本とことなる習慣があります。

❶プルコギ（しょうゆとさとうで味つけした牛肉野菜いため）　❷タラのチゲ（チゲはなべ料理という意味）　❸ゆで卵　❹キムチジョン（キムチのチヂミ）　❺トッポギ（もちをあまからいソースで煮たもの）　❻大根キムチ　❼トウガラシの葉のナムル　❽もやしのナムル　❾山菜のナムル　❿赤カブの水キムチ　⓫オデンポックム（魚のねり物いため）

◀お父さんもいっしょに料理。

ここに注目！

保存食が発達した食文化

　韓国にはキムチだけでなく、みそやしょうゆ、そのほかたくさんの保存食があります。野菜などが手に入りにくいきびしい冬を乗りこえるために、塩分を高めにしたり、食品を発酵・乾燥させたりして長期保存を可能にする技術を発達させてきた歴史があるからです。

▲テヨンさんの家（→8ページ）の屋上には、発酵食品を貯蔵する伝統的なかめがならぶ。

▶テヨンさんのおばあさん手づくりの10年熟成させたコチュジャン。

▲家によってはキムチが冷蔵庫に入りきらないので、専用の冷蔵庫がある。

食と習慣②

食べ物天国の韓国

毎年11月上旬にみんなでキムチを漬けるキムジャン祭り。長くきびしい寒さの冬に野菜不足にならないように、春先まで食べられる大量のキムチをつくって保存する。

動画が見られる!

食文化を大切にする

韓国では「パプ モゴッソ？（ご飯食べた？）」という言葉が、「こんにちは」などにかわるあいさつとして日常的に使われるように、食文化を大切にしている人が多い国です。1回の食事の量は日本よりも多く、時間をかけて食べることも特徴です。そんな習慣は、活気ある市場や安くてボリュームたっぷりの料理が出てくる大衆食堂のふんいきにふれるとわかります。

日本ととくにことなるのは、韓国ではお弁当が一般的ではないことです。その理由は、まちのいたるところに屋台があって軽食を買い求めやすく、食堂の出前サービスも多いからです。そして本来あたたかいはずの食べ物を冷めた状態で食べることをきらうからです。ただし、学校の遠足や友達どうしのピクニックなどには、お弁当を持って行くこともあるそうです。中身はキムパプ（韓国のり巻き）やからあげ、フルーツなどで、みんなで分けあって食べます。

▼韓国式天ぷら。市場でつくりたてを売る。

▲公園にも出前を届けてもらって食べる。

▲チェジュ島の東門市場は魚介類の宝庫。

▲焼肉2人前。小皿料理や菜っ葉類はおかわり自由。

品数の多さに圧倒される

　韓国の料理は、その種類と品数の多さに圧倒されます。おかゆやスープ、肉や魚を使ったなべ料理、さまざまな食べ方をする焼肉やめん類、魚介類の刺身などがあります。さらにミッパンチャン（→14ページ）の小皿を加えると、その数はとほうもないものになります。ここではそんな韓国料理の一部を紹介します。

▲キムパプ。ごま油を使う韓国のり巻き。

▲冷麺。そば粉のめんと冷たいスープ。

▲デジクッパ。プサン名物の、ぶた肉とご飯のスープ。

▲海鮮の具が入ったちゃんぽんめん。

▲ビビンパ。ナムルや肉、卵などのどんぶり。

▶カムジャタン。骨つきぶた肉とジャガイモのスープ。

◀あんこ入りのもなか。日本と同じよび名。

▶ピンスとよばれる韓国かき氷。

ここに注目！

からい料理だけではない

　韓国料理というと、トウガラシが入った赤い料理を思いうかべる人も多いと思います。もちろんからい料理も多くありますが、トウガラシは、もとは中南米原産。韓国にトウガラシが伝わる前の時代の、素材を生かしたさっぱりした料理や薬膳料理もたくさんあり、その伝統は今も生きています。

▲サムゲタン。とりの腹にナツメやクコの実などの薬膳食材やもち米をつめて煮こんだスープ。

表情豊かな都市ソウル

まちとくらし①

政治・経済・文化の中心地

　韓国の首都ソウル特別市は、人口約1000万人の都市です。周辺の市をあわせて考えると、韓国の総人口の約4分の1がソウル首都圏に集中していることになります。まわりを山に囲まれ、漢江という大きな川が東西に横切るソウル市は、韓国の政治や経済の中心地であり、文化の発信地です。

　一口にソウルといっても、地域によってさまざまな表情を見せるのが、この都市の魅力です。国会議事堂があるヨイド、有名な繁華街のミョンドン、大きな市場がある南大門や東大門、活気のある学生街の新村やホンデ、高級住宅地のカンナムなどがあり、朝鮮王朝時代から約600年間続いた首都の歴史と、進化する国際都市の両面を見せています。

▲ヨイド駅の朝の通勤風景。ヨイドには証券会社などが多く、国会議事堂もある。

▲北村韓屋村には、朝鮮王朝時代に建てられた伝統家屋が今も多く残っている。

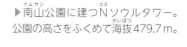

▲世界じゅうの観光客が集まるミョンドンの繁華街。

▶南山公園に建つNソウルタワー。公園の高さをふくめて海抜479.7ｍ。

石づくりの旧市庁舎のむこうに、全面ガラスばりのソウル市庁が見える。市庁地区は省庁や新聞社が集まるソウル行政の中心部。

▲新林駅から歩いてすぐの新院市場は、地元住民の台所。

▲新院市場でもっともおいしい豚足を売ると評判のお店。

▲カンナムにあるソウル最大のショッピングセンター内の巨大図書館。

地元の市場と、観光客がひしめく繁華街

　ソウルの各地には昔ながらの市場や商店街があり、多くの人びとが日常的に利用しています。さまざまな種類の食品や日用品が安く販売されていて、店員さんのかけ声とたくさんのお客さんで、いつも活気に満ちています。

　いっぽう、近代的なショッピングモールやデパートには、家族づれや若い世代の人びとが多い印象を受けます。さらに韓国は、安い衣料品や美容製品などの買い物天国としても有名で、繁華街はアジア圏からやってきた人びとを中心に、多くの観光客でにぎわっています。

▶たばこや軽食、新聞などを売る露店や売店がまちじゅうにある。

◀ホンデの歩行者天国は、若者が集まる文化の発信地。

乗り物とまちを守る人びと

ソウルの交通機関と長距離移動

道路の渋滞がはげしいソウル首都圏は、地下鉄の路線が市内にあみの目のように広がっています。1〜9号線とよばれるものと、そのほかの路線を合わせて20以上の路線があります。乗客はT-moneyとよばれるICチップが内蔵された交通カードを使います。このカードはバスや店などでも利用できるものです。

市内バスは路線によって色分けされていて、たとえばブルーバスなら都心と郊外をつなぐ路線、グリーンバスなら地下鉄の駅と駅をつなぐ路線というように、わかりやすくなっています。

また、韓国の鉄道はKORAIL（韓国鉄道公社）が運営していて、長距離移動で利用する人が多くいます。そのほか長距離バスも、本数や路線が充実していて、運賃も安いので人気です。

地下鉄はソウル市民にとって欠かせない交通手段。初乗りは1350ウォン（約135円）。

▶▼色分けされた市内バスは、路線によって1000ウォン（約100円）から。

▶バスターミナルでは、韓国全土に路線が通る長距離バスが数分おきに発着する。

ここに注目！

高速鉄道KTX

2004年に開通したKTXは、フランスの高速鉄道TGVのシステムを取りいれた韓国の高速鉄道で、最高速度は時速300kmをこえます。車幅は日本の在来線列車とほぼ同じで、通路をはさんで両側2列の座席が一般的です。

▲ソウルと地方都市をむすぶKTX。近年その路線を拡大してさらに便利に。

▶KTXの車内。車体が小さめに設計されているため、新幹線より少しせまい。

軍服すがたの若者がたくさん

▲軍服すがたの若者とソウル駅。韓国には兵役の制度があるが、兵役の期間は年ねん短くなっている。

韓国では、ソウルやそのほかのまちでも、日常的に軍服すがたの若者を見かけます。兵役というものがあり、成人した男子は最低でも18か月の軍隊生活を送らなければいけないからです。大学進学やそのほかの理由で延期もできますが、30歳までには必ず入隊しなければいけません。

小さいころから「国を守る・愛する」という教えを受け、兵役のきびしい訓練も経験した若者たちは、自分の国の歴史や政治問題などについて深く考えるようになります。警察官や消防士、救急隊員などまちを守る人びとにも、誇りをもってその任務に取り組むすがたが多く見られます。

▲プサン駅前に待機していたはしご車。

▲ＫＴＸ開通に合わせて新しくなったプサン駅と、駅前広場でおこなわれた救急隊の実演。

◀観光地にふさわしく、マスコットがお出むかえしているミョンドンの交番。

▲白の車体に青と黄色のラインが特徴のパトカー。

▼南山公園のＮソウルタワー前に待機していた救急車。

学校生活①

韓国の小学校

動画が見られる!

5年1組の教室の特徴は、おたがいの顔が見えるような机のならべ方と植物の多さだ。

教室ごとにふんいきがちがう

ソウル市の新林地区にある新林小学校は、全校児童約700人の公立の小学校です。テヨンさん（→8ページ）の通う5年1組の児童数は23人で、教室に入るとまず机の配置や緑の多さにおどろかされました。担任のパク先生に聞いてみると、教室の机は、子どもたちが話しあって

自分たちがもっとも勉強しやすいならびにしているとのこと。そして教室のかざりつけは、パク先生の「緑が多い環境、きれいな空気の中で学校生活を送ってほしい」という考えを反映しているそうです。このように、教室のつくりは、クラスごとに担任の先生や子どもたちで決めることができます。

▶ボランティアのお母さん、退役軍人のおじいさんなどが登下校を見守る。

◀「21日の約束」というポスター。「毎日3人以上の友達に感謝の言葉を言おう」など、21の標語が書いてある。

▲明るくせいけつな図書室。入るときはくつをぬぐ。

▲体育の授業でドッジボールをする子どもたち。

ろうかの壁にかけてある、うわばきが入ったかばん。登校したらここではきかえる。

▲教室の後ろには各自のロッカーがある。

◀水筒を持ってきて、ろうかにあるこのウォーターサーバーで、水かお湯を自分で入れる。

韓国の教育制度

韓国の教育制度は日本と似ていて、日本の小学校にあたる初等学校が6年、中学校3年、高等学校3年、大学4年を基本としています。義務教育は、満6歳で初等学校に入学してから中等学校卒業までの9年間です。学期は2学期制をとっていて、1学期は3月から7月、2学期は9月から2月です。

韓国の学校制度		年齢のめやす
就学前教育	幼稚園	3歳～5歳
初等教育	初等学校（6年間）	6歳～11歳
中等教育	中学校（3年間）	12歳～14歳
	高等学校（3年間）	15歳～17歳
高等教育	大学および専門大学	18歳～21歳

ここに注目！

1校時目の前の自習時間

韓国の小学校の多くでは、1校時目の授業の前に30～40分の自習時間があります。ひとりひとりに牛乳が配られるので、それを飲みながら授業の予習や復習をします。そのほか読書や塾の宿題をしたり、持ってきた朝ご飯を食べたりするなど、自由に時間をすごします。

授業と給食の時間

5年1組の児童全員で記念撮影。

40分授業を6校時

新林小学校の子どもたちは、だいたい8時20分ごろまでに登校して席につき、自習をしてから1校時目をむかえます。授業は40分間で、それぞれの授業の間の休けい時間は10分です。5・6年生は水曜日だけ5校時ですが、そのほかの日は6校時の授業を受けます。2時40分にすべての授業が終わったら、ほとんどの子どもは帰宅せずにそのまま放課後授業（→26ページ）や塾に行きます。

韓国の小学校では、大きなテレビモニターを使う授業が多いことが特徴です。先生が画面に動画などを表示し、コンピューターでそうさしながら授業をしているようすがよく見られます。

▲理科の教科書。カラフルで楽しい。　▲社会の教科書。5-2は5年生の2学期という意味。

5年生の時間割					
時間	月	火	水	木	金
(8:20～9:00)	自習時間				
1校時目 (9:00～9:40)	算数	自習	英語	社会	算数
2校時目 (9:50～10:30)	理科	国語	体育	算数	英語
3校時目 (10:50～11:30)	図工	道徳	家庭科	国語	体育
4校時目 (11:40～12:20)	図工	理科	家庭科	理科	国語
(12:20～1:10)	昼食				
5校時目 (1:10～1:50)	体育	英語	国語	音楽	音楽
6校時目 (2:00～2:40)	国語	社会		クラブ活動	会議

＊英語は小学校3年生から。クラブ活動とは、工作や囲碁、刺しゅう、料理など自分が興味のあることを、それぞれ得意な先生がいる教室に行って教えてもらう授業のこと。

▲体育の授業で、先生がテレビモニターを使って伝統舞踊の動きを説明する。

▲そのあと教室を移動し、音楽をかけながら実際におどって練習する。

楽しい給食の時間

　昼食前になると、校内にある給食室から職員が教室前のろうかまで給食を運んできてくれます。クラスごとに食堂に行って給食を食べる学校もありますが、新林小学校は教室内で食べます。また、日直ではなく、毎月1人1役という考えで、給食の配膳や黒板消し、階段そうじなどの係を担当します。授業後のそうじはなく、自分の机まわりをきれいにして帰ります。

先生があげたテーマを少人数でディスカッション（話しあい）する時間も多い。

▲今日の献立は、❶キムチチャーハン ❷ナシのジュース ❸ホットクという中にあんこが入ったおやきのような菓子 ❹キュウリのキムチ ❺みそ汁。

◀各自で食べられるぶんだけトレイによそう。

インタビュー

パク・ミラン先生
[新林小学校5年1組担任]

　アンニョンハセヨ（こんにちは）。新林小学校では、ただ勉強をするだけではなく、他人を思いやることができるりっぱな人になってもらいたいという「人格教育」を進めています。5年1組の子どもたちは、いつもにぎやかで日本のまんがなどにも興味があります。私たちの小学校にぜひ遊びにきてくださいね。

5年1組は楽しいクラスですよ！

25

放課後授業と進学塾

たくさんの保護者も参加したカブスカウトの入団式。

▲放課後授業の一環で、休日に韓服を着て景福宮（→6ページ）を観覧する。

▲専門のコーチの指導でサッカーを楽しむ。

▶4年生からカブスカウトに入っているテヨンさん（前列左から3番目）は、みんなの先輩だ。

さまざまな楽しい授業

　韓国の小学生は、学校の授業が終わったあと、多くの児童が放課後授業に参加します。放課後授業とは、外部から先生をよんで学校内で特別授業をしてもらうもので、安い月謝でさまざまなことが学べます。たとえば、英語やプログラミング、美術、囲碁など教室でするものもあれば、ダンスや野球、サッカーなど、体育館やグラウンドで活動するものもあります。

　子どもたちは自分の興味のある授業を選び、月曜日は中国語、火曜日は読書、水曜日はバスケットボールなどと、ほぼ毎日なにかしらの放課後授業を受けてから帰宅します。

▲進学塾がならぶ塾通り。500m以上にわたって、道の両側のビルのほぼすべてが塾。

▲学校から塾や家まで送りむかえをする黄色いバスがならぶ。

▲最近は5名程度の少人数制授業の塾が多くなっている。

▲塾の自習室は夜おそくまで子どもたちでいっぱい。

競争はげしい学歴社会

　韓国の教育熱は、世界でもとびぬけて高いといわれています。有名な大学を卒業して大きな企業に就職し、よいくらしをすることが目標とされ、幼稚園から高校を卒業するまでの期間を、有名大学に入るための準備期間と考えているからです。学校の授業だけでは大学受験に間に合わないため、科目ごとに進学塾を選んで毎日通います。小学生なら夜8時〜9時まで、中学、高校生になると夜の12時くらいまで塾で勉強して、深夜に帰宅するということがあたりまえです。

▼おなかがへった子どもたちは、コンビニなどで夕食をとることもある。

インタビュー

キム・ミンヒョク先生
[「数学を愛する塾」の塾長]

　卒業大学の名前で人生が決まるといわれる韓国では、塾での授業のスピードが大切です。私の塾では小学校を卒業するころには、中学校の授業内容をすべて学び終えます。そして中学で高校の内容をすべて終え、高校では大学受験の準備をします。
　一般的な月謝は3万円くらいですが、いくつも塾をかけもちしたり、家庭教師もやとうことで、月に5万円以上かける家庭もあるんですよ。

変化する子どもの遊び

伝統的な遊び

　韓国には、すごろくやお手玉、花札など日本と似た遊びがたくさんあります。こうした遊びは日常的にするものではなく、お正月など特別な日に親せきや家族といっしょにすることが多いそうです。ジンウさんの家（→12ページ）で、伝統的な遊びを見せてもらいました。

　そのほか、伝統家屋の韓屋を保存・紹介している民俗村という施設では、弓矢の体験や韓服の装飾品をつくるコーナーなどがあり、子どもたちに伝統的な文化や遊びを伝える活動をしています。

動画が見られる！

▶ユンノリとよばれるすごろく。片側が平ら、もういっぽうが丸くなっている4本の木の棒を投げ、平らな面が上をむいた棒の数だけこまを進める。

▲▲ノリゲとよばれる、韓服につける装飾品をつくる体験教室。

▼コンギノリとよばれるお手玉。お手玉を1つ放り投げるあいだに床の1つをとって、落ちてくるお手玉をキャッチ…という動きをくり返し、最後にすべてを手の甲にのせてからつかむ。

▶伝統的な弓の引き方を教えてもらう小学生。

◀PCバンとよばれるオンラインゲームに特化したカフェ。40分で1000ウォン（約100円）が相場で、大学生以上の利用者が多い。

▶ルービックキューブで頭の体操。

短い時間で集中して遊ぶ

　ソウルなどの大都市では、学校からの帰宅後に公園などで遊ぶ子どもたちを見ることがほとんどありません。幼稚園児が保護者といっしょに遊んでいるのは見かけますが、小学生になると放課後授業や塾でいそがしく、外で遊ぶ時間がないからです。それでも韓国の小学生は、わずかな時間を見つけてコンピューターやスマートフォンのゲームをしたり、休日に友達と集まってボードゲームをしたりと、短い時間でも思いっきり楽しんで遊ぶ方法を知っています。

▲ボードゲームが人気で、子どもから大人までみんなで楽しむ。

インタビュー

公園の４人組の女の子

　私たちは、小学校６年生のクラスメイトです。今日はみんなの休みを合わせて、地下鉄に乗ってこのソウルの森公園にきました。フリスビーをしたり、スマートフォンで自撮りをしたりして遊んでいます。みんな、だいたい週6で習いごとをしていますが、小さいころからそうなので、たいへんだと思ったことはないですよ。

少ない休日を楽しむ

川ぞいの遊歩道では、子どもからお年寄りまで、さんぽやスポーツを楽しむすがたが見られる。

川ぞいをさんぽしてすごす

ソウルは漢江という大きな川が東西を横切っていて、漢江からの支流の川がまちじゅうに流れています。漢江ぞいの公園はもちろん、ほとんどの川には遊歩道や遊具、ストレッチ器具が

あり、朝早くから夜おそくまで、さんぽしたりおしゃべりしたりする人びとが見られます。

またソウルの森公園などでは、芝生の上でピクニックをする家族や、土日にもある放課後授業（→26ページ）で活動するグループも多く見られ、短い休日の時間を楽しんでいます。

▼ソウルの森公園の芝生の上でピクニックをする家族。

ここに注目！

韓国は健康・美容大国

韓国には、健康や美容についてとてもびんかんで熱心な人が多く、テレビやまちなかには健康食品や化粧品の広告がたくさんあります。また、公園だけでなく道ばたのほんの小さなスペースにもトレーニングやストレッチ用の器具があり、体を動かしている人をよく見かけます。

動画が見られる！

ホンデ通りでは、ダンサーやアイドルをめざす若者たちがパフォーマンスをしている。

▲野球は子どもたちに人気で、プロ野球観戦も盛りあがる。

サッカーやダンスが人気

韓国の小学生に人気のスポーツは、男子はサッカーと野球で、将来プロ選手になる夢をもつ子どもたちがたくさんいます。また習いごとでは、礼儀作法なども学ぶことができる、テコンドー（韓国の国技とされる格闘技）が人気です。女子はバドミントンやバレーボールをするのが大好きで、音楽のK-POPアイドルにあこがれてダンスを習う子どももいます。

ただ、中学や高校の放課後授業には、スポーツがほとんどなく、大学受験用の授業になります。そのため子どもたちには、学校と塾の往復で体を動かす時間がありません。スポーツの能力の高い一部の生徒だけが、体育学校やプロチームの下部組織などでプロの選手をめざします。

▲バスケットボールも人気で、コートがある公園も多い。

▲テコンドーの演武を披露する小学生たち。

▲漢江ぞいの自転車道でサイクリング。韓国で自転車は、移動手段というよりスポーツやレジャー用の乗り物としてのイメージが強い。

▲スケートボードをする若者と、奥にはアイドルのコンサート待ちの人びと。

儒教のしきたりが強く残る

年長者に礼をつくす教え

　14世紀末から約500年間続いた、朝鮮王朝の時代に保護された思想・学門が儒教です。儒教とは、祖先を崇拝して位の高い人をうやまい、年少者は年長者に礼をつくすという、中国から伝わった教えです。現在の韓国では、儒教は国教ではありませんが、伝統的な国民的行事であるソルラルという旧正月やチュソクというお盆、そして結婚式、葬式や墓まいりなどは、今でも伝統的な儒教のしきたりにのっとって、とりおこなわれています。

▲チュソクのような伝統行事の儀式や食事は、男性のみが参加することがしきたりだったが、最近は女性も参加することが多くなった。

◀先祖の位牌を前にクンジョルという最上級のおじぎをする。供え物は魚やとり肉、果物や松もち、伝統菓子など。

▲お墓まいりでは、まず草かり機で親族の墓前をきれいにする。

▲韓国の埋葬方法は土葬が一般的だったが、最近は火葬が主流になってきている。墓前にお酒、果物や干し魚などを供える。

▲韓国民俗村で公演される伝統芸能の農楽プンムル。

▲退役軍人の慰労会で披露された伝統舞踊。

▼釈迦の誕生日の仏誕節には、寺院のまわりが色とりどりの提灯でうめつくされる。

韓国のおもな行事（2019年）		
月	日	行事名
1月	1日	新正（シンジョン）
2月	4－6日	ソルラル（旧正月）
3月	1日	三一節（三・一独立運動記念日）
4月	6日	寒食（墓まいりの日。そばを食べる）
5月	5日	こどもの日
	8日	父母の日（親に感謝を伝える日）
	12日	仏誕節（釈迦の誕生日）
	15日	先生の日（恩師に感謝を伝える日）
	20日	成年の日（成人を祝う日）
6月	6日	顕忠日（殉国兵士追悼の日）
	7日	端午（豊作を祈願する日。韓国相撲などがおこなわれる）
	25日	朝鮮戦争開始の日
8月	15日	光復節（独立記念日）
9月	12－14日	チュソク（秋夕：お盆）
10月	3日	開天節（建国記念日）
	9日	ハングルの日
12月	22日	冬至（あずきがゆを食べる）
	25日	聖誕節（クリスマス）

＊ソルラル（旧正月）やチュソク（お盆）など、旧暦の祝祭日は毎年日付がかわる。

▶水原市の華城行宮にある新豊楼では、朝鮮王朝時代の軍事訓練の再現を観覧できる。

ここに注目!

生活にとけこんでいる旧暦

　お正月やお盆、端午や冬至など、日本と似ている行事が多い韓国ですが、伝統行事はすべて旧暦でおこなわれます。新暦と旧暦の2つがあって混乱しないのかと思いますが、韓国の人にとっては生活にとけこんでいるものなので、問題ありません。また、韓国の人は自分の年齢を「数え年」で言うことが多いので、おぼえておきましょう。

結婚式と誕生日会

伝統婚礼で式をあげる新郎新婦。新婦のほおと額につけた赤いヨンジコンジで邪気をはらう。

▶伝統的な礼装の新婦と、韓服を着た新婦の母。

洋式と伝統儀礼で結婚式

　韓国の結婚式は、式場のタイプも挙式のしかたもさまざまですが、最近は洋風の式場で新郎新婦が洋装でおこなう形が一般的です。誓いの言葉や指輪の交換、記念撮影など30分ほどで式は終わりますが、今度は会場を移して伝統婚礼の始まりです。

　伝統婚礼は親族のみが参加し、家族へのあいさつなどがおこなわれます。新郎新婦ともに伝統的な礼装をしますが、とくに新婦のほおと額につけられたヨンジコンジという赤い印が印象的です。披露宴はないことも多く、その場合、参列者は式場内の食堂でそれぞれ自由にバイキング形式の食事をとります。

▲タキシードとウエディングドレスの洋式の結婚式。

▲プサンの多大浦ビーチで記念撮影する新婚カップル。

▲ピザ店の一角を借りて誕生日会のかざりつけをする。

◀用意してきたパーティグッズを使い、みんなで誕生日ソングを歌ってお祝いする。

ピザ店で誕生日会

　イム・テヨンさん（→8ページ）の誕生日会が、家の近くのピザ店で開かれました。韓国の小学生の誕生日会は、自宅でなくレストランなどでおこなわれることが多いようです。誕生日の歌を歌い、みんなからテヨンさんにプレゼントをわたしたあとは、誕生日ケーキと食べ放題のピザを、みんなでにぎやかに食べました。その後、近くのゲームカフェに移動して、お菓子を食べながら、ビデオゲームやボードゲームなどで夜9時まで遊びました。

▲プレゼントをもらうテヨンさん。小学5年生の月のおこづかいは平均2万ウォン（約2000円）。

▲VRゲームやボードゲームなどがあるゲームカフェで遊ぶ。1時間2000ウォン（約200円）が相場。

ここに注目！

誕生日会の招待状

　子どもたちは塾や習いごとでいつもいそがしいので、誕生日会はなるべく休日にして事前に招待状をわたし、スケジュールを調整してもらう必要があります。テヨンさんの誕生日会には7人の子どもたちが集まり、その日はみんなで夜おそくまで遊ぶことができました。

◀日時と場所を記した招待状を、学校の登校時に手わたしした。

35

独特の文化をもつ島

くらしの多様性①

韓国最大の島チェジュ島

　朝鮮半島から南へ約90kmの海上に、楕円形をした火山の島チェジュ島があります。島の面積は約1840km²で、香川県の面積と同じくらいです。温暖な気候で自然が美しく、歴史的に朝鮮半島との交流がとだえた時代もあったため、島独自の建築様式や伝統、文化がはぐくまれました。

　チェジュ島を言いあらわす言葉に「三多・三無」があります。「三多」とは、石と風、女性が多いということ。火山岩におおわれて台風の多い島で、女性がよく働くことを意味します。「三無」とは、大きな門がなく、どろぼうとものごいがいないということです。みな助けあって生活しているため、家に大きな門をつくってどろぼうを防ぐ必要がないほど、安全なことを意味します。

▲❶トルハルバンとよばれる石像。朝鮮王朝時代に村の入り口などに建てられた。現代につくられたものもふくめ、チェジュ島の象徴として島のあちこちで見られる。
❷家のまわりを囲む石垣。わざとすき間をあけて石を積むことで、強い風をすべて受けとめず、わずかに通して風を弱める工夫をしている。

▲チェジュ島の家は、石壁と縦横に補強したかやぶき屋根、平屋づくりが特徴。

◀チョンナンという玄関の石門にかける3本の棒。棒がひとつかかっていれば「すぐに帰宅します」。全部かかっていれば「しばらくもどりません」。全部外されていれば「在宅しています」の合図。

▲昔のトイレを再現したもの。棒をつかんで石の間に用をたすと、ぶたがきて食べてくれる。

▲チェジュ民俗村の近くに住んでいる子どもたち。

▶つぼをかついで水くみをする女性の像は、チェジュ島の女性のシンボル。

動画が見られる!

▲海女小屋で着がえをすませ、大きな浮きやあみを持って海へ出る。

▲数人のグループで海に入る。上がるときは年配者から先にというルールがある。

チェジュ島の海女

　チェジュ島の女性は働き者です。ヘニョとよばれる海女は、海に出て素もぐりで名産のアワビやサザエ、ウニなどをとって生活をしています。女性がこうした漁業にたずさわることはめずらしく、世界でも日本と韓国だけといわれています。チェジュ島の海女文化は国際連合教育科学文化機関（ユネスコ）の無形文化遺産に登録されていますが、チェジュ島の海女の人数は年ねんへっていて、その大半が60歳以上であることから、海女博物館などで、その文化と意義を発信しつづけています。

▲なかまの位置を確認しながら、素もぐりで海産物をとる。

インタビュー　海女のだんなさんたち

　私たちは、あの海で漁をしている海女の夫です。なにかあれば助けに行けるように、ここから彼女たちを見守っているんです。そして漁が終わったら私たちの仕事が始まります。漁の道具の片づけを手伝い、今日の漁獲ぶんを検量してトラックに乗せ、市場や契約している店などに運んでいきます。今日の海女のなかで、いちばん若い人は30歳、いちばん年長は85歳なんですよ。

宗教と伝統工芸

ふえつつあるキリスト教徒

韓国は、どんな宗教を信じてもよい、信教の自由がみとめられている国です。韓国の国民のうち、56％は無宗教ですが、キリスト教のプロテスタント信者が19.7％、カトリック信者が7.9％います。両方のキリスト教徒を合わせると27.6％になります。仏教徒は15.5％なので、韓国にいちばんおそく入ってきたキリスト教が、伝統的な仏教よりもひろまっていることがわかります。また少数ですがイスラム教徒もいて、ソウルにはりっぱなモスクもあります。

ミョンドン聖堂の内部は、高いアーチ形の天井や大きな窓がある、ヨーロッパの教会に多いゴシック建築。

◀韓国のカトリック教会を代表するミョンドン聖堂。

▲大韓仏教曹渓宗の総本山である曹渓寺。釈迦の誕生日の時期には、大量の提灯がつるされる。

▲イテウォンにある韓国最初のモスク、ソウル中央聖院。

ここに注目！

まちなかの教会と人里はなれた寺院

韓国のまちを歩くと、キリスト教会の建物が多いことに気づかされます。これは朝鮮戦争（→6ページ）後の混乱のなか、まちの再建に取り組んだ時期に、人びとの心のささえとなったキリスト教が一気にひろまったからです。そのいっぽうで、仏教寺院がまちなかに少ないのは、仏教が保護されていた新羅と高麗の時代から一転して、朝鮮王朝の時代には弾圧を受けたため、人目のつかない山奥などに移ったからです。

◀プサン海雲台の、海の岩場に建てられた海東龍宮寺。この寺は弾圧を受けてここに建てられたものではなく、高麗王の師が夢でお告げを受けたことで建設された。

◀農業技術センターでは、農業を始めたい人びとに技術を教え、農機具を安く貸しだししている。

▲小学生などが見学できる、農業とくらしを伝える施設。

技術と精神を受けつぐ

ソウル郊外の京畿道にあるナミャンジュ農業技術センターと、韓国の伝統家屋である韓屋が多く残るソウル市鍾路区北村にある、シム先生の工房におじゃましました。農業や伝統工芸にたずさわる人は年ねんへっていて、いつも人手不足です。しかし最近、勉強したいとくる若い人たちがふえてきたそうです。どちらの施設でも「技術や精神を受けつぎたいときてくれる、その情熱を大事にしたいし、できるかぎりの手助けをしてあげたい」と話してくれました。

この日は建築学科の学生が工房に研修にきていた。

◀設計から切りだし、伝統的なかざりの彫刻まで、ていねいに指導するシム先生。

インタビュー

シム・ヨンシク先生
[小木匠の工房主宰]

私は中学卒業からこの仕事を始めて、もう50年になります。小さいころから木のにおいが好きで、木に囲まれながら制作をしていると、今でもわくわくするんですよ。たくさんの文化財の修復や、保護にたずさわれることは私の誇りでもあり、毎日幸せを感じながら仕事をしています。

好きなことを
一生けんめい
にしよう！

活気あふれる港まち

韓国第2の都市プサン

　朝鮮半島東南の先端の海に面したプサン（釜山）は、約350万人が住む韓国第2の都市です。大小さまざまな港を中心としたくらしのなかで、プサンを特徴づけているのは漁業です。韓国は漁業のさかんな国ですが、プサンは国内最大の水揚げ量があり、韓国を代表する水産市場のチャガルチ市場があります。さまざまな魚介類はプサンだけでなく、その日のうちに韓国全土に運ばれます。輸出もさかんで、日本をはじめ中国やアメリカなどへ、マグロやイカ、カキなどが送られています。

▲プサンタワーから見たまちなみ。漁港・港湾都市として発展しつづけてきた。

▲集魚灯を備えた漁船（右の船）。夜の漁ではこの灯りに集まってきたイカを漁獲する。

▲チャガルチ市場。タチウオなどの魚、カニなどの甲殻類、アワビなどの貝類までなんでもそろう。

ここに注目！

観光にも力を入れるプサン

　プサン市は世界の人びとが集まる都市として、観光にも力を入れています。そのひとつが1996年から始まった映画祭の開催で、今ではアジア最大の国際映画祭として知られるようになりました。また2009年くらいから、山はだにびっしりと家屋がならぶ簡素な村をアートの村にして、人をよびこもうという公共事業がおこなわれ、プサンを代表する観光地になっています。

▲映画のまちプサンとして認知され、各地に映画関連の施設がある。

▲カラフルな家屋がならぶ甘川文化村。村おこしの成功例として注目されている。

巨大な港湾都市

　プサンは、コンテナの取扱量が世界第5位の貿易港をもつ国際的な港湾都市です。世界各地から集まる貨物船が荷おろしする巨大なコンテナふ頭があり、漁船や貨物船の修理などをおこなう造船ドックがならんでいます。また、プサンからは長崎県の対馬や福岡県の博多、大阪などへフェリーが運航されていて、多くの観光客が両国を行き来しています。とくに対馬は日朝交流のシンボル的存在です。江戸時代に対馬藩と朝鮮はさかんに貿易をおこなった歴史があり、その窓口もプサンでした。今もたくさんの韓国人が対馬に観光に訪れています。

港湾のすぐそばに造船ドックが集まる地域があり、塗装や修理などをおこなっている。

▲山口県下関とプサンを結ぶ関釜フェリー「はまゆう」。もっとも安い2等室は片道9000円。

▲入港料の免除や安いコンテナ取扱料金、スムーズなコンテナ積みおろしなどの強みで、世界各地から貨物船が集まる。

高まる環境問題への意識

粒子状物質ミセモンジ

韓国の天気予報では、「明日のミセモンジ」という予報があり、数値といっしょに「外出をひかえる」などといったマスクすがたのイラストを見かけます。ミセモンジ・超ミセモンジとは、火力発電所や工場、ディーゼル車から排出される粒子状物質や微細粉じんのことで、粒子の大きさによって、それぞれPM10やPM2.5などといわれているものです。大気を汚染し、肺がんやぜん息などの健康被害の一因とされ、とくに春先のこの値が大きいときは、まちじゅうの人がマスクをしています。

韓国政府やソウル市は大気汚染がひどい日には、自動車の走行制限や地下鉄・市内バスの無料化、保育園や学校の休園・休校、短縮授業などの対策を打ちだしていますが、いまだ解決の糸口が見えません。

◀ソウル市が推進するレンタル電動アシスト自転車。1時間1000ウォン（約100円）。月額契約などもある。

▲渋滞がはげしく、排ガスが問題になっているソウル中心部。

▶小学校の保健室にあった、受動喫煙（人がすっているたばこの煙をすうこと）がもたらす健康被害について学ぶボード。

▲まちなかに設置されたミセモンジと超ミセモンジの数値を示すデジタル表示板。今日は基準値をこえていないようだ。

▶プサン駅前広場での救急方法の
デモンストレーション。

大気汚染がはげしいソウル市。
ミセモンジで空がけむっている。

災害や事故への対策

　韓国は台風が通過することがあるくらいで、地震もほとんどなく、自然災害の少ない国です。しかし、2014年に高校生たち300人以上の死者・行方不明者を出したセウォル号沈没という痛ましい事故や、2016年に韓国南東部で起きた観測史上最大規模、マグニチュード5.8の地震などによって、事故や災害に対する危機管理への意識が高まりました。

　小学校や中学校では避難訓練が実施されるようになり、地震（津波）や火災発生時にとるべき行動を教えています。また、地下鉄の駅には事故や事件への対策として、救急キットやガスマスクなどがいたるところに設置されています。

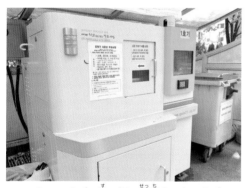

▲マンションのごみ捨て場に設置された、生ごみを肥料にかえる機械。燃やすごみをへらし、大気汚染物質を減少させる。

◀まちのいたるところにある、衣類のリサイクルボックス。回収された衣類は、発展途上国などに送られる。

地下鉄駅構内に設置された、救急キットとガスマスク。

日韓両国の未来に向けて

日本にさまざまな文化を伝えた国

　日本と韓国（朝鮮半島）とのかかわりは、おたがいにいちばん近い外国として、長い歴史をもちます。朝鮮半島と満州（現在の中国東北部）の地域で高句麗、百済、新羅の3つの国が争っていた三国時代（紀元前1世紀〜7世紀）、百済から稲作の技術や仏教などの大陸の文化が日本へ伝わりました。その後、新羅にほろぼされた百済と高句麗から日本へ亡命してきた人たちも、さまざまな技術や文化を伝えました。また、モンゴル軍が日本に攻めこんできた「元寇」とよばれる2度の戦いも、船を操る水軍兵のほとんどは、モンゴル帝国にほろぼされた高麗という国の人びとでした。

▲山口県下関市で開かれた、朝鮮通信使の行列を再現する祭り。

▶仁川にある旧清国租界＊（左）と、旧日本国租界（右）の境界線である階段。中国と日本の灯籠のデザインがちがうことがわかる。

◀仁川の旧日本国租界には日本家屋がそのまま残っており、近年は観光地化している。

＊租界とは、開港場にあった外国人居留地のこと。行政権をもつなど、事実上、その土地を支配することを意味した。とくに仁川は、中国の清や日本の租界地として、支配下にあった。

ここに注目！

日本を見つめる李舜臣

　ソウルの光化門広場やプサンタワーの前に李舜臣という将軍の銅像があります。16世紀後半に日本統一をはたした豊臣秀吉は、2度にわたって朝鮮を侵略しようとしました。これを文禄の役（1592年）と慶長の役（1597年）といいますが、李舜臣はこの秀吉の軍をむかえうって撤退させた、韓国の英雄なのです。銅像は韓国の各地にありますが、すべての像は日本を向いていて、いまだににらみをきかせているのです。

▶刀をにぎり、仁王だちして日本をにらむ李舜臣の像。写真はプサンタワー前にある像。

日本による植民地支配

日本はその後の朝鮮王朝とも友好関係を築きましたが、豊臣秀吉が朝鮮を侵略しようとしたことで、一時国交がとだえます。江戸幕府の時代にようやく国交が回復し、朝鮮通信使が日本にたびたびくるなど、交流が再開されました。ただ、そうした交流は1910年の日本による韓国併合で完全にとだえることになります。これは事実上、日本が朝鮮半島を植民地支配したことを意味し、弾圧された韓国の人びとの記憶はいまだに消えません。昨今の日韓両政府のぎくしゃくした関係は、この時代のできごとをどう清算して未来へ進むかで、両国の考えにずれがあるためです。

それでも暗いことばかりではありません。日本と韓国の若い人たちを中心に、おたがいの文化を通して交流が進んでいます。日本人は韓国の音楽K-POPやドラマ（韓流ドラマ）、ファッションに夢中になり、韓国人は日本のまんがやアニメ、和食などが大好きです。はじめはそんなささいな「好き」でかまいません。そこからおたがいのことをもっと「知る」ことができれば、日韓の未来は明るいものになるはずです。

▲ソウルのタプコル公園内にある10枚のレリーフのひとつ。1919年3月1日午後2時、この公園で数千人の学生が独立宣言をしたようすがえがかれている。ここから全国に日本からの独立運動（抗日運動）が広がった。

▲日本統治時代、搾取されつづけていたチェジュ島の海女たちがおこした抗日運動の記念碑。

◀韓流ドラマの撮影地などをおとずれる日本人観光客も多い。

▲K-POPの人気は日本だけでなく世界に広がっている。

▲韓国の書店には、日本の小説やまんが、児童書がならんでいる。

韓国基本データ

正式国名

大韓民国

首都

ソウル

言語

韓国語。1446年に朝鮮王朝第4代国王の世宗が「訓民正音」の名で公布したハングル文字を使う。

民族

韓民族（朝鮮民族）。

宗教

信教の自由が保障されている韓国では、総人口の56％が無宗教だが、仏教徒が15.5％、キリスト教のプロテスタント教徒が19.7％、カトリック教徒が7.9％いる。

▲プサンの海東龍宮寺で、参拝客が仏像に水をかけてお清めしている。

通貨

通貨単位はウォン（W）。100ウォンは約9.2円（2020年1月時点）。紙幣は5万、1万、5000、1000の4種類。硬貨は500、100、50、10、5、1の6種類がある。

▲2020年現在、韓国で使われている紙幣と硬貨（一部）。

政治

民主共和制。元首は大統領で任期は5年、再選できない。国会は一院制で任期は4年、議員定数は300名。大統領、国会議員とも、国民の直接選挙で選ばれる。

情報

テレビは韓国放送公社（KBS）・韓国教育放送公社（EBS）のほか、文化放送（MBC）、エスビーエスなど。ケーブル・衛星専門局が豊富で、ニュースやスポーツ、音楽や映画などの専門チャンネルが充実している。ラジオ専門局は、基督教放送や仏教放送、極東放送、平和放送のほか、国軍教育放送などもある。日刊紙は「東亜日報」「朝鮮日報」「中央日報」の三大紙のほか、地方紙も数多くある。

産業

主要産業は電気・電子機器、自動車の製造、鉄鋼、石油化学、造船業もさかん。GDP（国内総生産）の分野別内訳は、サービス産業58.3％、製造業など39.3％、農業など2.2％（2017年）。

▲プサン貿易港には、漁船や貨物船の修理をおこなう造船ドックが集まっている。

貿易

輸出総額 **6254** 億ドル（2018年）

おもな輸出品は、工業製品をメインとした機械類、自動車、石油製品など。おもな輸出先は中国、アメリカ、ベトナムなど。

輸入総額 **5136** 億ドル（2018年）

おもな輸入品は、工業製品と原材料・燃料で、機械類、原油、液化天然ガス、化学薬品など。おもな輸入先は、中国、アメリカ、日本など。

日本への輸出 **3兆5489** 億円（2018年）

おもな輸出品は、化学製品、電気機器、石油製品、一般機械など。

日本からの輸入 **5兆7931** 億円（2018年）

おもな輸入品は、一般機械、電気機器、鉄鋼、プラスチックなど。

軍事

（2019年）

兵力 **62万5000** 人

陸軍49万人・海軍7万人・空軍6万5000人。男性には兵役の義務がある。

三国時代とモンゴルの支配

　朝鮮半島では、3世紀の終わりごろにはじめて国家が成立したと考えられている。4世紀ごろから、高句麗、百済、新羅の三国時代が始まる。三国のうちの新羅は中国の唐と連合軍を組み、百済につづき高句麗をほろぼすと、676年に朝鮮半島で初の統一国家を誕生させた。新羅はその後250年にわたって栄えたが、支配者どうしの争いや農民との抗争などで国力が弱まってきた935年、高句麗人の子孫とされる王建が新羅の王位をうばいとり、国名を高麗とする。中国の科挙という国家試験の制度を取り入れたのはこの時期で、軍人ではなく、役人が力をもつ国づくりをめざした。

　高麗は、ユーラシア大陸を支配したモンゴル帝国である元からたびたび攻撃を受け、1259年、ついにモンゴルの支配下におかれる。モンゴル軍は、1274年と1281年に高麗の船を使って日本にまで攻めいったものの、2度とも大嵐にあって日本から退散している。これを日本では元寇とよぶ。

朝鮮王朝の誕生と繁栄

　1368年、中国で明という国がおこり、モンゴルは大陸の北に追いやられる。1392年、高麗の将軍の李成桂が軍事クーデターをおこし、みずから国王の座につく。高麗をたおして朝鮮王朝をおこした李国王は、それまでの国教の仏教をしりぞけ、中国の教え儒教にかえて国づくりをすすめた。

　1592年と1597年には、日本統一をはたした豊臣秀吉が、朝鮮半島に攻めいった。日本では「文禄の役」「慶長の役」とよばれ、日本軍は20日あまりで漢城（今のソウル）まで占領する。しかし農民や僧侶などの民兵と中国の明からの援軍、李舜臣将軍率いる水軍は、日本軍を退けることに成功した。

　19世紀なかば、ヨーロッパの国ぐにや中国、ロシアが朝鮮半島への侵略の機会をねらっていたなか、朝鮮は

▲朝鮮王朝でもっとも偉大な王とされる第4代国王の世宗大王。

大韓帝国と国名を改めて国力の回復につとめた。しかし日本は、1894年の中国の清との戦いである日清戦争、1904年のロシアとの戦いである日露戦争に勝利した勢いのまま、1910年に韓国併合条約を結び、朝鮮半島を植民地として支配した。こうして朝鮮王朝はとだえた。

国家分断と「漢江の奇跡」

　日本による植民地支配のなか、朝鮮では独立をめざす三・一運動などの抗日運動が起こるが、日本はこれを鎮圧して弾圧を強めていった。1945年、日本の敗戦とともに朝鮮半島は解放されるが、こんどはソ連（現在のロシアを中心とした社会主義国）とアメリカのそれぞれのあとおしで樹立された北部の朝鮮民主主義人民共和国（北朝鮮）と、南部の大韓民国（韓国）として、朝鮮半島が分断されることになる。1950年には、同じ民族どうしが戦う朝鮮戦争が起こり、朝鮮半島は壊滅的な打撃を受けた。

　1965年、日本と韓国のあいだで日韓基本条約が結ばれる。これは、日本から韓国への戦後補償と、両国の国交の回復を意味する。韓国はその後、重工業や農村の近代化を進め、わずか40年で国内総生産（GDP）世界10位以内に入る経済大国へと発展した。この歴史的な高度経済成長を「漢江の奇跡」とよぶ。

　経済の発展と同時に、韓国の人びとは軍事独裁政権への反発を強め、民主化を求める運動を広げていく。この運動は何度も制圧されたが、1987年には国民の直接選挙で大統領を選ぶことなどを約束する「民主化宣言」が発表され、1993年には民主政権が誕生した。こうして30年にわたる軍事政権がようやく終わった。

　現在の韓国は、分断された北朝鮮との緊張は続いているが、2018年に開催された冬季オリンピック平昌大会では、南北朝鮮の合同チームが結成されるなど、歩み寄りも見られる。また電子機器や自動車などの製造業の分野で、世界でも有数の生産量をほこり、財閥を中心とした経済活動が活発におこなわれている。

▲北朝鮮と韓国の軍事境界線にある板門店の会議室内。

さくいん

取材を終えて

関根 淳

　右の写真は、今回の合計3か月にわたる韓国取材のなかで、アドバイスをいただいたり、協力してもらった人たちの一部です。みなさんは、この写真の方たちがどこの国の出身かわかるでしょうか。

　答えは、左からカザフスタン、ウズベキスタン、モンゴル、日本、右の3人は韓国です。写真を見ただけでは、だれがどこの国の出身で、何人かなんてわからないですよね。写真の人たちは、韓国に仕事をしにきていたり、国際結婚で住むようになったりと、さまざまな理由で今の韓国にいる方たちです。私は今回の韓国取材で、世界では、自分が生まれた国でない場所で生活している人がたくさんいること、そして国境を越えた人びとの交流がおどろくほど多いのだということを、改めて実感しました。ですから「あの人は外国人だから」という考えは、もう通用しないのです。何人であっても、その人と実際に会って話をすれば、外国人としてではなく、自分の友達として見るようになります。そして友達として、その人自身を理解できるようになると思うのです。

　そのいっぽうで、文化や習慣、風習などの国ごとのくらしは、長い歴史のなかでつちかわれたもので、その国をあらわす独特なものです。私たちは、そうした世界の

▲韓国では、さまざまな国の出身の人びとがくらしている。

くらしを知ったとき、自分たちとの共通点にうれしく思ったりする反面、そのちがいにおどろいたり、少しこわく思うこともあるのではないでしょうか。でも、ここで大切なことは、文化や習慣のちがいを、自分たちとちがうからと「きらい」になったり「拒否」するのではなく、ちがいを「おもしろがる」気持ちで、「受けいれる」ことだと、私は思います。

　人と人とのつながりは、国境を越えて。くらしのちがいは、ちがっていてあたりまえ。だからこそおもしろい。これが、私の韓国取材で強く感じたことでした。

● 監修
李香鎮（イ ヒャンジン）（立教大学異文化コミュニケーション学部教授）

● 取材協力（順不同・敬称略）
イ・ジュンヨブ／オ・ジョン家／金行葵衣／カン・スンヘ／キム・ウンジョン／キム・ミンヒョク／クォン・ヒョクチャン／小木匠の工房／シム・ヨンシク／新林小学校／数学を愛する塾／鈴木淳子／田中寛子／チョ・ジョンファ／トゥ・ピョンジュン家／ナミャンジュ農業技術センター／パク・ミラン

● 写真提供
Samsung Electronics/AP／アフロ（p.7 左中）
ロイター／アフロ（p.7 右中）
毎日新聞社／アフロ（p.44 右上）

● 参考文献
李香鎮ほか『国家主義を超える日韓の共生と交流―日本で研究する韓国人研究者の視点』（明石書店）
新城道彦／浅羽祐樹／金敬黙／春木育美『知りたくなる韓国』（有斐閣）
康熙奉『知れば知るほど面白い 朝鮮王朝の歴史と人物』（じっぴコンパクト新書）
石坂浩一／福島みのり・編著『現代韓国を知るための60章』（明石書店）
梁聖宗／金良淑／伊地知紀子・編著『済州島を知るための55章』（明石書店）
朝倉敏夫『世界の食文化〈1〉韓国』（農山漁村文化協会）
『データブック オブ・ザ・ワールド 2020』（二宮書店）

● 校正：鴎来堂
● デザイン：株式会社クラップス（佐藤かおり、神田真里菜）

現地取材！ 世界のくらし 2

韓 国

発行　2020年4月　第1刷
　　　2024年7月　第3刷

文・写真　：関根淳（せきね まこと）
監修　　　：李香鎮（イ・ヒャンジン）
発行者　　：加藤裕樹
編集　　　：浦野由美子
発行所　　：株式会社ポプラ社
〒141-8210　東京都品川区西五反田3-5-8 JR目黒MARCビル12階
ホームページ：www.poplar.co.jp
印刷　　　：TOPPANクロレ株式会社
製本　　　：株式会社ハッコー製本

©Makoto Sekine 2020 Printed in Japan
ISBN978-4-591-16522-5
N.D.C.292/48P/29cm

現地取材！ 世界のくらし

Aセット　全5巻（①〜⑤）

① **日本**　常見藤代／文・写真
アルバロ・ダビド・エルナンデス・エルナンデス／監修

② **韓国**　関根淳／文・写真
李香鎮／監修

③ **中国**　吉田忠正／文・写真
藤野彰／監修

④ **モンゴル**　関根淳／文・写真
尾崎孝宏／監修

⑤ **ネパール**　吉田忠正／文・写真
藤倉達郎、ジギャン・クマル・タパ／監修

Bセット　全5巻（⑥〜⑩）

⑥ **フィリピン**　関根淳／文・写真
寺田勇文／監修

⑦ **インドネシア**　常見藤代／文・写真
倉沢愛子／監修

⑧ **マレーシア**　東海林美紀／文・写真
新井卓治／監修

⑨ **ベトナム**　小原佐和子／文・写真
古田元夫／監修

⑩ **タイ**　小原佐和子／文・写真
馬場雄司／監修

続刊も毎年度刊行予定！

- 小学高学年〜中学向き
- オールカラー
- A4変型判　各48ページ
- N.D.C. 292
- 図書館用特別堅牢製本図書

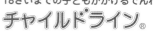